Lb 48 2181

DES ÉLECTIONS

de 1821.

On trouve aussi, chez BÉCHET, *libraire* du COURRIER FRANÇAIS*, quai des Augustins n° 57, la brochure suivante :*

D'UNE ASSOCIATION PRÉTENDUE CONSTITUTIONNELLE CONTRE LES ACQUÉREURS DE DOMAINES NATIONAUX, par J.-P. Pagès. In-8°; prix 1 fr., et 1 fr. 20 cent. franc de port.

DES ÉLECTIONS

de 1821.

PAR J.-P. PAGÈS.

PARIS,

CHEZ BÉCHET, LIBRAIRE DU COURRIER FRANÇAIS,

QUAI DES AUGUSTINS, Nº 57.

DE L'IMPRIMERIE DE CONSTANT-CHANTPIE,

Rue Sainte-Anne, Nº 20.

1821.

DES ÉLECTIONS

de 1821.

Dans les temps ordinaires, les élections ne sont qu'une lutte particulière entre les candidats : c'est l'amour-propre luttant contre l'amour-propre, la considération aux prises avec l'intrigue. L'opinion publique n'intervient que de loin en loin dans ces débats, pour encourager quelques renommées locales, pour récompenser quelques services, pour prouver que le patriotisme est la route des succès, et que la reconnaissance des peuples n'est pas une vertu stérile.

En France, il ne peut en être ainsi. Les noms des éligibles n'importent guère ; les principes qu'ils professent excitent seuls un grand intérêt. Cela doit être : la France n'est pas encore un pays constitué. Nous possédons une Charte, il est vrai ; mais une Charte n'est qu'une déclaration de droits. Nous ne savons ni comment on réglera l'exercice de nos libertés, ni jusqu'à quel point elles seront restreintes, ni à quel degré elles seront garanties. La liberté n'est pas dans les Chartes, mais dans les lois organiques: or, toutes les lois organiques nous manquent. Administration communale et départementale, garde nationale, jury, liberté de la presse, liberté individuelle, liberté du commerce et de l'industrie, responsabilité des ministres et des agens subalternes du pouvoir, égalité de droits, tous ces mots sont dans la Charte; mais les lois organiques peuvent seules nous apprendre ce qu'il faut entendre par ces mots. Les hommes, appelés à faire descendre cette théorie sur le terrain de l'application, vont disposer de la sûreté des Français et de la prospérité de la France. Il faut donc que leurs principes soient une garantie de leur conduite, et que ce qu'ils ont fait soit un gage assuré de ce qu'ils feront.

Ces conjonctures seraient graves dans tous les pays: qu'on se figure ce qu'elles doivent être en France où des partis contraires et des opinions opposées divisent depuis sept ans tous les esprits et tous les intérêts. Pendant quelque temps, les deux divisions se soudivisaient encore, et l'on paraissait tenir bien plus à des nuances qu'à des couleurs. Aujourd'hui ces nuances disparaissent parmi les libéraux. Une tombe illustre s'est fermée sur toutes les craintes et sur toutes les espé-

rances : la liberté sera désormais l'unique léga-
taire de la gloire.

Nous sommes aujourd'hui revenus au point de
départ. Comme en 1789, je vois des aristocrates
et des patriotes : ceux-ci demandant des libertés
générales, ceux-là ne voulant que des priviléges
exclusifs. Au milieu de ces débats, les ministres
disent « soyez tranquilles et laissez-nous faire. »
Mais qu'ont-ils fait depuis sept ans? Ne sont-ils
pas l'unique cause de l'anxiété publique? S'ils
avaient organisé l'administration des communes
et des départemens, l'aristocratie pourrait-elle
aujourd'hui en exiger le monopole? Si les agens
du pouvoir étaient responsables, les citoyens ne
seraient-ils pas à l'abri de ces vexations qui, du mi-
nistre au garde-champêtre, et du général au simple gendarme, tiennent comme dans un réseau
l'exercice des plus inoffensives libertés? Si le jury
était organisé constitutionnellement, les tribunaux ne seraient-ils pas une sauve-garde au lieu
de paraître un épouvantail? On nous répète à
satiété que ces lois existaient sous l'empire; mais
les abus de l'ancien régime ont suscité la révolution, et les abus du régime impérial en ont amené
les désastres. Dailleurs les lois et les fonctionnaires
n'avaient pas sous l'empire une hostilité réelle,
le pouvoir pesait d'un poids égal sur tous les ci-

toyens; et comme alors il n'existait pas de partis,
les institutions et les magistrats ne pouvaient être
ni les armes ni les instrumens d'un parti. Aujour-
d'hui, j'aime à le dire, ce que l'on sent le moins
c'est le gouvernement. Jamais on ne fut moins
gouverné par le pouvoir. Ce n'est pas sur nos tê-
tes qu'est le fardeau; ce sont des puissances subalternes qui essayent l'oppression. On n'agit pas
sur les partis, mais avec eux et par eux. C'est
dans un parti qu'on prend les magistrats qu'on
impose à l'autre, et cela seul fait considérer l'autorité comme oppressive, et l'obéissance comme
opprimée. Lorsque Napoléon parvint au consulat,
il avait à gouverner des républicains et des royalistes. Il ne disait pas chaque année aux uns :
« Vous êtes vainqueurs, » aux autres : « Vous
êtes vaincus. » Il offrit à tous une protection égale
et une égale sécurité. Les magistrats administrè-
rent dans l'intérêt du pouvoir, et non au profit
d'un parti, aussi l'on vit bientôt les partis disparaître; les républicains prirent la route d'un gouvernement nouveau, et les royalistes marchèrent
à la suite d'une dynastie nouvelle. Mais cet accueil
successif fait à toutes les opinions, cette alternati-
ve de triomphes et de défaites, suffisent pour perpé-
tuer parmi nous les espérances et les craintes. On
ne voit pas des magistrats où l'on ne trouve que des

ennemis : on s'obstine à ne pas voir un gouvernement où l'on ne voit que des adversaires. Comme le triomphe n'est qu'une partie gagnée, la défaite n'est qu'une partie perdue ; on combine les chances et l'on attend l'instant favorable pour prendre sa revanche. Aujourd'hui rien ne ressemble à la loterie comme la politique.

Certainement une situation aussi équivoque, un état de choses aussi précaire n'est pas l'ouvrage des Français ; aucun peuple d'Europe n'éprouve autant qu'eux le besoin d'être gouverné. Depuis trente ans, ils sont allés au-devant de tous les gouvernemens possibles ; depuis trente ans ils veulent être gouvernés par des lois, et toujours on a voulu les gouverner par des hommes. Cet état de choses est la grande faute des ministres ; les partis en profitent, et jamais pour eux l'occasion ne fut plus belle.

La Charte n'a rien organisé. Le pouvoir, l'aristocratie et la liberté n'attendent leur triomphe que des lois organiques. C'est, comme on voit, la majorité qui votera ces lois, qui donnera la victoire à son parti. On trouve plus d'une preuve de cette vérité. Nous n'avons possédé jusqu'à ce moment qu'une seule loi organique ; celle du 5 février. Mais elle admettait l'égalité de droits proclamée par la Charte. Au seul mot d'égalité, on crie à la démocratie ; le pouvoir et l'aristocratie substituent le privilége à l'égalité, nous avons les deux colléges, le double vote et les listes des plus imposés ; c'est presque deux ordres d'électeurs. Il en est ainsi de la liberté de la presse ; elle est consacrée par la loi fondamentale. L'autorité veut que ses excès soient prévenus par la censure ou réprimés par le jury : c'est-à-dire que l'autorité veut qu'on n'imprime que ce qui peut lui plaire, car c'est elle qui nomme les censeurs qui préviennent ou les jurés qui répriment. A ce mot de pouvoir, l'aristocratie crie au despotisme ; elle veut donner le privilége de ces jugemens à un jury spécial, ou à des cours spéciales, de telle sorte qu'au moment où nous cesserons d'être jugés par les ministres, nous le serons par l'aristocratie.

On voit par là qu'il est des hommes également ennemis du pouvoir et de la liberté.

Jusqu'à ce jour, le ministère s'était placé entre les deux partis. Avec quelque force et quelque dignité, il eût pu tirer de cette position médiatrice des lois plus ou moins salutaires. Mais la loi du 5 février admettait dans les chambres la possibilité d'un centre indépendant des deux côtés. Avec la loi nouvelle, le centre, quel qu'il soit, sera sans cesse, non l'auxiliaire des ministres, quels qu'ils

puissent être, mais le corps d'armée d'un parti
dont l'état-major est à droite ou à gauche.
Cela est si généralement senti, que dans les bio-
graphies de la chambre des députés, on ne parle
ni de la deuxième section de droite, ni du centre
de droite; tout est côté droit. Ainsi ces divisions,
possibles avec la loi du 5 février, sont impossibles
aujourd'hui. La loi nouvelle est exclusive d'un
centre quelconque; le même fonctionnaire qui eût
voté avec les ministres en 1818, fût-il actuelle-
ment placé au milieu de la salle, votera selon l'esprit du parti qui l'a élu. Cela doit être. Il n'est
pas le candidat du collége, mais le député de la
majorité qui a dominé le scrutin.

Que peuvent faire les ministres? ils n'ont plus
de centre, et par conséquent plus de voix qui les
secondent. Se placer à la tête de la majorité, serait
pousser plus promptement la monarchie dans l'a-
bîme. Voudront-ils résister? ils seront abattus.
Se borneront-ils à suivre? ils seront entraînés.
Leur position est difficile; elle ne peut que s'aggra-
ver. N'avons-nous pas vu le côté droit se séparer
de MM. de Villèle et de Corbière parce qu'ils
n'allaient pas assez vite, et MM. de Villèle et de
Corbière, dont on accusait la lenteur, se séparer
des ministres, parce qu'ils allaient trop lentement.
Si dans les élections prochaines, les patriotes ne

font pas pencher en leur faveur la balance électorale, si le côté gauche n'a pas une puissance de
scrutin (qu'est-ce en effet que la puissance de tribune contre un appel nominal?) s'il n'a pas, dis-
je, assez de voix pour s'opposer au côté droit,
alors le ministère, quels que soient les hommes
ministres, sera envahi par la majorité. Alors ces
nouveaux ministres dépendans de cette nouvelle majorité, proposeront les lois organiques, et
l'expérience nous apprendra trop tard ce que devient la liberté des peuples lorsqu'elle est livrée
à l'aristocratie.

Il faut donc que tous les bons citoyens s'effor-
cent d'opposer une digue au torrent de l'oligarchie. Il faut que le parti constitutionnel soit en-
tièrement convaincu que les colléges électoraux
décident la grande question *être ou n'être pas*.
Le courage qu'exigent les circonstances n'est pas
considérable : que faut-il en effet? oser manifester hautement son opinion, et voter selon ses
principes.

On objecte, sur plusieurs points de la France,
la lassitude du passé, une timidité présente ou
la crainte vague de l'avenir.

Mais, quel est l'homme qui, après trente ans
de mouvement, n'éprouve le besoin du repos?
Toutefois, est-ce lorsque la maison n'est pas en-

core à couvert qu'on peut y reposer avec sécurité? L'inertie politique ne sera pardonnable que lorsque les lois organiques, en satisfaisant à tous les désirs, auront calmé toutes les craintes. Pour se livrer au sommeil il faut être assuré qu'il ne sera pas troublé par la tempête.

Mais qui, de gaîté de cœur, irait se précipiter au milieu de ces débats? Est-ce par choix qu'on brave des clameurs, qu'on élève des inimitiés? Quel est l'homme qui n'est pas lassé de voir sans cesse se reproduire cette querelle de l'ancien régime que la révolution n'a pu vaincre, que l'empire avait assoupie et qui, de nos jours, se réveille aussi vivace que si elle n'eût rien coûté ni à ses auteurs, ni à la France, ni à l'Europe. Après une aussi longue révolution, paix et sécurité, voilà la devise des peuples. Cette lassitude des orages passés, cette crainte des orages à venir ont fait l'unique force intérieure du consulat et de l'empire. Mais je l'ai déjà dit, jusqu'ici nous avons vu le pouvoir triompher des deux partis, il offrait à chacun une paix égale et une égale sécurité. Aujourd'hui ce n'est pas le pouvoir, c'est un parti qui triomphe, ce n'est pas une paix, mais une capitulation qu'il offre; je conçois le niveau de la liberté, je conçois le niveau du despotisme, mais l'arrogante victoire, mais l'humiliante oppression, je ne saurais les concevoir, la France ne les concevra jamais; jamais la France n'admettra l'insolente résurrection des ordres, des classes, de l'oligarchie, jamais quelques Français ne pourront peser de nouveau sur ce *tiers-état* qui a dominé l'Europe, et qui, livré à la seule impulsion de son courage et de son génie, a créé une époque de gloire et de richesse dont le monde n'avait pas encore vu d'exemple.

Ce qui s'introduit le plus facilement en France, ce sont les abus. Les hommes qui en profitent ont une admirable adresse à leur procurer des passeports. Si quelqu'un ose signaler le mal qu'ils vont produire: on crie au factieux, au révolutionnaire, au jacobin! Les hommes timides ferment leur porte et calfeutrent leurs fenêtres; et parce qu'ils n'entendent plus les cris, ils se figurent que tout est tranquille. Toutefois, qui a causé tous les maux dont nous fûmes les victimes? N'est-ce pas, il est temps de le dire, les hommes, et seulement les hommes timides? Dans le Forum de Rome, dans le sérail des Ottomans, partout on trouve des courtisans et des factieux : n'est-ce pas à la voix publique d'opposer une digue à leurs turbulentes prétentions? Le passé n'est-il pas une leçon assez puissante? Les hommes qui regardent à leur fenêtre sont l'unique cause du mal qui se fait dans la rue. Si les gens de bien eussent envahi les clubs, ils en eussent formé la majorité, et les clubs auraient sauvé Louis XVI et la constitution de 1791 ; si les gens de bien eussent manifesté leur opinion sur le consulat décennal, nous n'eussions pas eu de consul à vie ; s'ils eussent osé dire *non*, l'empire n'existait pas. Qu'a produit leur timide silence ? 1793, les désastres de Moscou et deux invasions ! Qu'ont-ils gagné à se taire ? La terreur n'a-t-elle pas enfoncé ces portes fermées à double verrou, ces fenêtres hermétiquement calfeutrées ? La conscription n'a-t-elle pas arraché leurs enfans de leurs bras ? L'étranger n'a-t-il pas pesé sur eux ? Les emprunts et les impôts les ont-ils respectés ?

Les abus obtiennent facilement des passeports, ce qu'ils n'obtiendront jamais, c'est des lettres de naturalisation. On en supporte plusieurs, on les supporte long-temps ; mais la mesure se comble, et un bouleversement devient alors imminent. Les abus de l'ancien régime ont rendu la révolution inévitable. Si ces abus renaissent, qui peut répondre de l'avenir ? Qui oserait assumer sur sa tête cette grande responsabilité, lorsqu'on voit l'incendie allumé depuis le Tage jusqu'au mont Hémus ? Une immense conflagration politique est à nos portes, et l'on excite les plaintes et les murmures! Que les gens de bien se hâtent de se pénétrer de cette incontestable vérité: «le bonheur d'un peuple est le seul motif qui peut le déterminer à fermer ses frontières à l'espérance d'un changement. »

La France se plaint, et ses plaintes sont d'un heureux augure. Le besoin de liberté est senti par l'agriculture, par le commerce, par l'industrie; le besoin d'égalité est éprouvé par tous les citoyens qui depuis 1814 ont été froissés par les hauteurs de l'aristocratie; le besoin de dignité est le cri de tout ce qui porte un cœur français. S'il est quelques esprits fatigués par le présent, leurs chances sont belles : 1815 et 1820 les ont bien servis. Ils n'ont qu'à se taire; ils peuvent s'en rapporter aux hommes monarchiques du soin de perdre tout ce qui existe, et d'amener de force tout ce qui n'existe pas. Mais, du moins encore, on murmure. Et puissent ces murmures être bientôt satisfaits ou durer long-temps! ils prouvent que la France attend son salut d'ailleurs que d'un grand désastre ; ils prouvent que la nation cherche à se faire entendre sur la plus haute région de l'ordre social. Ceux qui se plaignent ainsi, proclament qu'ils ne veulent pas confier leur sort à la merci des événemens. Ils demandent au pouvoir ce qu'ils pourraient attendre du temps et du hasard; ils vont au-devant de la puissance, ils veulent obtenir d'elle ce que l'état de l'Europe leur promet, ce que l'irrévocable volonté de la France leur assure. Et certes, s'il est dans l'inté-rêt d'un parti d'appeler cette opposition *hostilité*, ces plaintes *rebellion*, espérons que l'intérêt bien entendu du prince, ne verra dans cette explosion de la volonté générale, qu'un moyen qui lui est offert de rassurer toutes les craintes, d'affermir tout ce que l'aristocratie ébranle, et de lier, par des nœuds indissolubles, le pouvoir et la liberté.

Qui en effet ne serait effrayé de cette tendance des royalistes? Et qu'est-ce d'abord que les roya-listes de nos jours? Ils avaient pris le titre de royalistes constitutionnels, afin qu'on pût croire qu'ils voulaient la constitution, et pour se sépa-rer ainsi de ces soldats avancés, sentinelles per-dues qui, sous le nom d'*ultra*, sonnaient le tocsin contre les opinions et les intérêts créés par la révolution. A peine la loi du cinq février fut-elle abolie, que le masque tomba : les *ultra* dispa-rurent; les constitutionnels s'évanouirent; on ne vit que des royalistes purs, révendiquant tout 1815, voulant nous rendre tout 1815, et cher-chant à retrouver la Chambre introuvable. S'ils avaient voulu établir des institutions conformes à la lettre et à l'esprit de la Charte, auraient-ils proclamé séditieux le cri de *vive la Charte*? S'ils avaient voulu quelque liberté, nous les trouverions sur notre route, et toute la différence, entre eux et nous, consisterait dans le degré d'indépendance qu'il faut accorder au peuple dans l'intérêt du trône. Mais la royauté constitutionnelle les effraye plus encore que l'anarchie. Ce qu'ils veulent, c'est la monarchie telle qu'elle était, avec ses intolérables abus, avec ses insupportables excès.... avec une révolution en perspective. Ce qu'ils veulent, c'est l'anéantissement de tout ce qui a été créé par trente ans de liberté, de gloire, de travaux, d'industrie; ce qu'ils veulent, en un mot, c'est le triomphe complet de la contre-révolution.

Malheureusement cette tendance est mal déguisée. Aux excès de 1815 viennent se joindre les paroles de 1821; ici c'est un député prophétisant à la tribune qu'il n'y aura de paix en France que lorsque les émigrés seront satisfaits, et là c'est un écrivain révendiquant les biens légalement acquis depuis trente ans, et depuis trente ans paisiblement possédés.

Quelque hostilité qu'il y ait dans les paroles, les menaces de l'émigration ne devaient pas effrayer la France. Mais ces paroles n'étaient pas jetées au vent par MM. Bergasse, Dard, Montlosier, etc. etc.; elles ont été déposées sur une terre féconde, et une association s'est organisée en faveur de l'émigration. J'ai dit ailleurs (1) ce qu'était cette association dirigée contre les acquéreurs de domaines nationaux. La censure qui devait, disait-on, être ministérielle, et qui, par la force des choses, est devenue comme tout ce qu'on appelait ministériel, l'instrument flexible du parti dominant, la censure qui avait permis l'annonce de l'association contre les acquéreurs des biens nationaux, a interdit toute publication qui aurait pour objet de les défendre contre une agression subversive de tout le système de la propriété, et par suite de l'ordre social même. Cette association n'y a rien perdu, elle s'est réfugiée dans les journaux de département, où la censure des préfets ne permet pas de la poursuivre. Ainsi on a évité l'éclat que cette condamnable manœuvre aurait produit à Paris, où les opinions ne craignent pas de se manifester, et l'on assure dans les journaux de province une espèce de publicité clandestine aux tentatives des émigrés. Ce n'est pas ici le lieu d'ajouter à ce que j'ai dit sur cette

______

(1) *D'une Association prétendue constitutionnelle contre les Acquéreurs de Domaines nationaux.* Chez Béchet, libraire. Cette brochure se compose de plusieurs articles dont l'insertion dans le *Courrier français,* a été prohibée par la censure. Je ne pouvais espérer pour des élections constitutionnelles une justice qui m'était refusée pour les ventes nationales. J'ai dû recourir à un autre moyen de publicité, pour épargner à l'arbitraire des censeurs, la peine de mutiler de nouveau les colonnes d'un journal où les questions constitutionnelles sont toujours traitées avec bonne foi et avec toute l'énergie que le permettent les entraves mises à la liberté de la presse.

association, mais il ne faut pas passer sous silence que les royalistes des départemens ne pouvaient pas ajouter foi à la témérité de leurs confrères de Paris. Ils n'ont pas osé annoncer cette entreprise dans toute sa nudité : aussi ont-ils été tancés par les directeurs de la capitale ; et il est assez curieux de lire le passage suivant extrait d'une lettre datée de Paris, adressée à la *Ruche d'Aquitaine*, et imprimée dans le n.° 745 de ce journal. « Toutefois, dit cette association, par l'organe de son directeur, il est un *point essentiel* où l'auteur de l'article inséré dans le n.° du 18 août, n'a pas exactement saisi le but de l'association constitutionnelle. Il est bien entendu, dit-il, que cette justice n'est point celle qui ressort des tribunaux, et qu'on ne dénie à personne : il ne s'agit ici que de cette justice qui dépend des ministres, du conseil d'état, du gouvernement enfin. *Les droits dont nous prenons la défense*, étant fondés sur la lettre de la Charte et des lois, *c'est à titre de justice que nous les réclamons, nous proposant de les faire valoir, s'il le faut, selon les formes habituelles de la justice* ». Ainsi l'émigration ne veut pas user, soit devant les Chambres, soit devant le conseil du Roi, du droit constitutionnel de pétition ; c'est devant les tribunaux qu'elle veut agir, et c'est à ceux qui possèdent des propriétés nationales à méditer cette déclaration.

La contre-révolution a pris pour enseigne *Dieu et le Roi*, mais nous venons de voir qu'elle n'entend par la royauté que les intérêts de l'aristocratie. La couronne n'a jamais été aussi ébranlée que dans la session dernière : des amendemens, en dénaturant les projets présentés par le gouvernement, ont rendu illusoire la prérogative royale; on a introduit le système de l'omnipotence parlementaire, destructif de toute espèce de royauté. Il en est ainsi de leurs professions de foi religieuses. On a fait pour l'église comme pour l'armée; ils n'ont pensé qu'à l'état-major, les soldats les embarassent peu. Ils ont créé des évêchés parce que c'est dans leurs familles qu'on prend les évêques; et les prêtres qui portent le poids de la chaleur et du jour, les prêtres qui prêchent la foi ont été abandonnés à la charité. Deux choses doivent surprendre dans ces colléges, dont les majorités sont religieuses et royalistes : il n'en est sorti aucun député qui appartînt au sacerdoce; il n'en est sorti aucun député pris parmi ces hommes qui, sous la république et sous l'empire, ont exposé, au milieu de Paris, leur tête, pour le service, alors peu lucratif et très-périlleux, de Louis XVIII.

Autant qu'on peut en juger, dans ce flux et reflux de volontés ministérielles, il est permis de croire que le gouvernement s'étonne et s'alarme de ces prétentions contre-révolutionnaires. Si

MM. de Villèle, de Corbière et de Chateaubriant ont donné leur démission parce qu'on n'allait pas assez vite, le pouvoir, en acceptant cette démission, semble se proposer d'aller plus lentement. Mais qui ne voit qu'avec nos préfets et nos colléges, la majorité future forcera les obstacles que la prudence lui pourrait opposer. On espère que les prétentions exagérées du côté droit viendront se briser contre le centre; mais ce centre n'existe point, et il ne peut exister. J'ai entendu dire qu'un fonctionnaire, jadis honnête négociant, que la république a fait riche, que l'empire a fait baron, que la restauration a fait préfet, s'étant fort bien trouvé de tous les gouvernemens, servant celui du jour avec le même zèle qu'il servit celui de la veille, et sans perdre l'espoir de servir celui du lendemain, a menacé de destitution et les électeurs qui voudraient un député trop royaliste, et ceux qui choisiraient un député trop constitutionnel; il veut des hommes qui viennent avec lui s'asseoir au centre du centre. Qu'est-il arrivé de ces menaces? Les royalistes lui ont répondu : « Nous choisirons un des nôtres qui siégera avec la majorité et qui vous fera destituer vous-même.» Les constitutionnels lui ont dit : « Notre candidat prendra place au milieu de cette minorité qui représente la grande majorité de la France. Il ne conduira pas le navire, mais il l'empêchera de se briser contre les écueils. Destituez-nous : nous attendrons. Il vaut mieux sauver notre pays que nos places. »

Il ne faut rien attendre d'un parti ministériel qui ne peut exister; une dissolution même serait un palliatif et non un topique. Les chances du système électoral ont été combinées en faveur de l'aristocratie. L'arbre est planté, il faut qu'il porte son fruit. Puisque la fatalité qui pèse sur la France a fait sortir de terre la contre-révolution qui n'existait pas, et la révolution qui n'existait plus, il faut en subir les conséquences. Mais n'oublions jamais que les abus du pouvoir ont donné naissance à la liberté; que ces abus reparaissant aujourd'hui chez un peuple qui, depuis trente ans, n'est plus accoutumé à de pareils excès, pèseront bientôt d'un poids intolérable; que, menaçant l'ordre public, la position sociale des deux tiers de la France, ils susciteront contre eux tous les intérêts nouveaux, tous les amours-propres nouveaux, toutes les opinions nouvelles.

Il y a donc nécessité pour les gens de bien de conjurer la tempête qui nous menace. Ils le doivent au nom de l'intérêt public, sauve-garde de tous les intérêts particuliers; ils le doivent au nom de la paix publique et de la dignité nationale; ils le doivent enfin pour le maintien de tout ce qui existe. Dans ce moment, l'opposition est le signe certain d'une crainte généreuse, d'une haine raisonnée de toute espèce de révolution. Ceux qui s'opposent aux excès ne peuvent être traités de *factieux* que par ceux qui veulent les introduire. Sachons nous honorer de ce titre, et n'oublions pas que Cazalès, lui-même, se glorifiait de le porter. Cet orateur luttait alors contre des *hommes monarchiques*, moins effrayés de voir leur monarque mourant sur l'échafaud que régnant sur un trône constitutionnel.

Si l'opposition est un devoir pour les gens de bien, elle n'est pas encore dénuée de tout espoir de succès. Les élections nous offrent encore cette année quelques chances heureuses. Le renouvellement de cette série peut avoir un résultat peu défavorable dans la relation de la perte au gain. Sur quatre-vingt-cinq députés dont les pouvoirs sont expirés, sept seulement siégeaient au côté gauche, et s'étaient voués à la défense des libertés constitutionnelles. On espère que le patriotisme des électeurs fera de nouveau sortir de l'urne électorale les noms honorables de MM. Royer-Collard, Jobez, Saint-Aignan, Delaistre, Louis, ect., etc.

Etrange bouleversement des idées de justice ! le parti le plus fort repousse M. de Saint-Aignan ; on lui fait un crime d'avoir préféré la nation française à l'aristocratie, et son devoir à sa place. Cette généreuse probité, ce noble dévouement qui, dans des temps moins asservis au despotisme d'un parti, serait le plus beau des titres au choix des Français, est aujourd'hui, aux yeux des contre-révolutionnaires, un titre de réprobation. L'histoire n'a pas dit que les catholiques de la Saint-Barthélemy aient fait destituer le brave d'Orthe; il était réservé au fanatisme politique d'aller au-delà du fanatisme religieux. C'est aux patriotes à payer la dette de la probité politique.

Etrange bouleversement des sentimens royalistes! M. Royer-Collard qui, au conseil des Cinq Cents, parlait avec tant de force contre la déportation des personnes et la confiscation des propriétés, atteint par le 18 fructidor comme royaliste, et, au péril de sa tête, membre de ce comité qui, sous le directoire et sous le consulat, a voulu rétablir la monarchie, M. Royer Collard est aujourd'hui frappé de réprobation pour avoir fait partie de la minorité de 1815 et de la majorité de 1819, pour avoir défendu toutes les garanties, pour s'être opposé à la loi d'élection, pour avoir cru que la monarchie ne pouvait exister désormais que par sa loyale alliance avec la liberté. Les services les plus périlleux, les plus nobles, ont été mis en oubli. C'est encore aux patriotes à payer la dette de la royauté.

C'est ainsi que l'aristocratie ne veut que des magistrats dont la conscience soit asservie à ses projets; ne veut que des royalistes qui préfèrent la contre-révolution à la royauté. L'exemple de MM. de Saint-Aignan et de Girardin , prouvera aux élec-teurs le danger qu'on fait courir aux élus lorsqu'ils ont quelque patriotisme, et qu'on les choisit dans la classe des fonctionnaires. L'exemple de M. Royer-Collard , démontre assez quels sont les royalistes qu'il faut à la contre-révolution, et ce qu'il faut entendre par les hommes qu'elle nomme royalistes.

Il fut des élections où les divers candidats jouis-saient également de la confiance des électeurs. Ce temps est passé : aujourd'hui le choix que font les uns est un titre d'exclusion pour les au-tres. Cela seul prouve que les deux partis sont aux prises dans les divers colléges ; et c'est un motif pour que chacun déploie un nouveau zèle, car il s'agit bien moins de la victoire d'un candidat que du triomphe d'une opinion.

A ce zèle il faut joindre l'union. Il faut qu'elle soit entière entre les électeurs, et il serait à dési-rer qu'elle existât aussi parmi les candidats. La lutte n'est pas engagée pour l'amour-propre des individus, c'est toutes les libertés françaises qu'on menace et qu'il faut défendre. Celui qui, à chan-ces égales, doit les soutenir avec le plus de moyens, doit être incontestablement préféré.

Mais il est des colléges où l'inégalité des chan-ces, et le défaut d'union pourraient nuire au triomphe. Il est alors nécessaire de transiger, je ne dis pas avec les opinions contraires, mais entre les candidats d'une même opinion. Les voix doivent se porter alors sur celui qui offre un succès plus facile ou moins contesté.

Pourquoi, même dans les colléges où les constitutionnels semblent n'attendre qu'une défaite assurée, ne soutiendrait-on pas la lutte comme s'il y avait encore quelque espoir de victoire? Les opinions ne doivent pas hésiter à se manifester. Elles se trouvent en présence : la plus faible peut déconcerter la plus forte, et dans le temps où nous vivons, il importe de constater l'opposition dans les lieux mêmes où les chances du système électoral l'empêchent de triompher.

Les partis trouvent partout des auxiliaires, et à une époque où tout ce qui n'est pas pour nous est contre nous, aucune influence n'est à dédaigner. Les liens de famille, les nœuds de l'amitié, les relations d'affaires, doivent se placer dans la balance électorale. Aux élections dernières, les électeurs ont usé de leur influence sur les candidats, pour les déterminer à proclamer leurs opinions, et à donner à la chose publique les garanties dont la chose publique a besoin. Le mandat est de confiance, et les élus rassuraient celle des électeurs par la manifestation de leurs principes.

Mais jusqu'à ce jour c'est seulement entre les noms inscrits sur les listes que cette influence pouvait avoir lieu. On a laissé hors du système politique les citoyens, qui, payant moins de trois cents francs, semblaient n'être d'aucun poids dans la balance des intérêts généraux d'un pays dans lequel ils composent les dix-neuf vingtièmes de la population. Toutefois leur influence peut être puissante. Par leur famille, par leur fortune, par leur état, par leurs relations sociales, ils peuvent déterminer le choix d'un grand nombre d'électeurs. Et si les lois, en les déshéritant du droit de voter, les tiennent en dehors du système électoral, leur propre intérêt leur impose le devoir de ne pas rester inutiles spectateurs de ces débats où se décident la tranquillité de leur pays, la liberté de leurs personnes, la sûreté de leurs propriétés et le bonheur de leurs familles. Ils sont, à l'égard des électeurs, comme les électeurs envers les élus. Ils doivent leur faire entrevoir le bien qu'ils peuvent faire, le mal qu'ils peuvent éviter. Ils doivent échauffer leur zèle, éclairer leur conscience, rassurer leur timidité. Ils doivent leur montrer le vœu général, le vœu hautement prononcé de voir enfin les destinées de la France confiées à des hommes qui n'aient point intérêt à exciter des craintes, à réveiller des haines, à se placer entre le trône et le peuple pour troubler cette harmonie sans laquelle il ne peut exister ni sécurité pour l'un, ni prospérité pour l'autre.

L'expérience acquise dans les élections dernières a prouvé que rien n'était à dédaigner. On
dit que, dans plusieurs départemens, on s'est bor-
né à afficher les anciennes listes d'électeurs. Mais
on voyait sur ces listes des noms qui n'y devaient
pas être, et l'on n'y lisait pas des noms qui devaient y figurer. Il importe de les vérifier avec
soin, d'en faire disparaître ces électeurs sans
titre qui pourraient payer leur mission par une
complaisance sans bornes. Il importe que les citoyens qui payent trois cents francs s'empressent
de se faire inscrire, et qu'on fasse disparaître les
noms de ceux qui ne les payent plus.

Enfin, une des opérations les plus importantes
des colléges, est la composition définitive des
bureaux. On sent combien y doit être nécessaire
la présence d'hommes constitutionnels, pour que
les électeurs de leur opinion puissent s'adresser à
eux, et pour qu'ils ne soient pas intimidés par
des scrutateurs d'une opinion contraire. Il ne
faut pas qu'arrivés au bureau, ils aient à défendre leur vote lorsqu'ils ne viennent que donner
leur voix; et il faut qu'ils écrivent eux-mêmes
leur bulletin, ou qu'ils le vérifient avec soin lorsqu'ils le font écrire par autrui. Dailleurs c'est le
bureau qui procède au dépouillement du scrutin,
et il importe qu'on y procède en présence de
scrutateurs qui puissent donner leur opinion pour

garant de leur bonne foi. Ce n'est pas du sort qu'on se défie, mais il en est du sort comme des oracles de l'antiquité, qui se dénaturaient en passant par la bouche des sibylles.

Je ne dirai rien sur les candidats qu'on doit proposer. Mais les royalistes de 1821 disaient aux ministériels de 1817 : *Pour choisir un député, j'examine si ses devoirs seront d'accord avec ses intérêts ; car, en cas d'opposition entre les uns et les autres, je tremble pour les devoirs.* (*Journal des Débats, 13 septembre 1817*). Profitons de cette maxime, ne confions pas la défense des libertés à des députés qui cherchent à ressuciter les priviléges ; ne plaçons pas les intérêts généraux créés par la révolution sous la sauve-garde de députés dont les intérêts particuliers sont dans le triomphe complet de la contre-révolution ; NE METTONS PAS LES INTÉRÊTS EN OPPOSITION AVEC LES DEVOIRS, OU TREMBLONS POUR LES DEVOIRS.

C'est à ce prix que sont, et la sécurité, et la prospérité publiques. La loi du 29 juin fut improvisée par un parti contre un parti. Loin de tenir la balance égale, elle mit tout le poids dans un bassin. C'est au zèle, à l'union, au patriotisme des gens de bien à rétablir l'équilibre.

Lorsque le peuple élit directement ses mandataires, les représentans sont l'image fidèle des représentés ; la tribune est l'écho de la voix publique, et l'opinion de la majorité des chambres ne saurait alors être celle de la minorité de la nation.

Mais il fallait empêcher les plaintes du peuple de monter vers le trône. On n'a pu rejeter la théorie des élections ; on a voulu la rendre illusoire. Depuis l'ordonnance du 5 septembre, nous avons eu deux lois électorales ; ce sont toujours les mêmes électeurs, ce ne sont plus les mêmes élus. Cependant l'esprit public est le même, le zèle est le même, le patriotisme est le même : la loi seule a changé ; et le sort cesse d'être aveugle lorsqu'on lui donne un guide clairvoyant ; il cesse d'être impartial lorsqu'on le fait conduire par une main intéressée. L'élection n'est plus un jeu de hasard, c'est un jeu de calcul.

Du moment où la liste électorale est affichée, une simple addition suffit pour décider que le député sera constitutionnel ou royaliste. On sait à quel parti l'élu appartiendra, avant même qu'on sache quel candidat sera préféré.

Il résulte de cet inconvénient que notre Code électoral est moins une loi d'élection qu'une loi d'opinion. Il met les deux partis en présence, il les force à lutter, non pour le triomphe de leurs candidats, mais pour la défense de leur opinion. Les intérêts constitutionnels de la révolution sont

d'un côté; on voit de l'autre toutes les prétentions aristocratiques. On a organisé deux armées
électorales, et un cinquième de ces deux armées
est aux prises tous les ans. Si l'on veut arriver à
la fusion des partis, à l'union des Français, la loi
du 29 juin ne saurait produire cet effet désirable.

Toutefois, il ne faut pas s'y méprendre; les
partis contraires ne doivent contrarier que le
Gouvernement; le pouvoir étend ses limites du-
rant la paix, la liberté s'agrandit dans toutes les
luttes d'opinion. Elle est un droit de nature chez
les nations nouvelles, elle est un droit de con-
quête pour les vieux peuples. Nos débats peuvent
durer long-temps, mais ils finiront par une écla-
tante victoire.

La question était jugée par la loi du 5 février:
les choix des électeurs ont prouvé que l'immense
majorité voulait la monarchie constitutionnelle.
Le double vote, les deux ordres de colléges, et la
nouvelle circonscription électorale ont donné à
l'aristocratie des chances inattendues. Mais la majorité représentative n'est une force réelle que
lorsqu'elle représente réellement la majorité de la
nation. Au-dessus de toutes ces combinaisons plus
ou moins ingénieuses, il est une puissance qu'on
peut tromper, mais qu'on ne peut vaincre; cette
puissance est la volonté d'un grand peuple.

FIN.

www.ingramcontent.com/pod-product-compliance
Lightning Source LLC
Chambersburg PA
CBHW051355050726
47595CB00006B/2567